천영희 시집

내 시는 연둣빛

천영희 시집

내 시는 연둣빛

문화발전소

자서 自序

봄볕에 아장거리며 나온 연둣빛 시詩 한 포기를 여기 심습니다.
마른 가슴에 빗줄기 같은, 아니 수줍은 속풀이 같은 넋두리를
한 포기 풀잎을 가꾸듯 정성스레 심어 봅니다.
내 시의 숲에는 장미처럼 화사한 꽃보다 하찮은 잡초가
무성할지 모릅니다.
그렇지만 따사로운 눈길로 봐 주시기 바랍니다.
부족한 글에 해설을 거두어 주신 허형만 교수님과
첫 시집의 세상 나들이를 주선해 주신 분들에게 깊이
감사드립니다.

2017년 봄에
천 영 희

목차

자서 ——— 005

I 앞마당에 봄

봄의 발자국 소리 ——— 012
봄 봄 ——— 013
새 두 마리 ——— 014
배롱나무 ——— 015
오월의 숲 ——— 016
염천炎天 ——— 017
여름과 겨울 사이 ——— 018
태풍 그 후 ——— 019
장미의 계절 ——— 020
여명 ——— 021
국화 ——— 022
가을 ——— 023
유월 ——— 024
계절 ——— 025
시월 ——— 026
익어가는 가을 ——— 027
겨울 도시 풍경 ——— 028

2 꽃잎이 눈물로 그렁그렁 매달렸구나

북도토리 —— 030
홍시 —— 031
뻘밭의 하루 —— 032
아침 —— 033
수채화 —— 034
달 동동 별 반짝 —— 035
보름달 —— 036
이슬 —— 037
굴비 —— 038
홍시 한 입 —— 039
포구 풍경 —— 040
진달래꽃 —— 041
생쥐 —— 042
해송 —— 043
산 까치 —— 044
달의 내력 —— 045
파리 한 마리 —— 046
상처 —— 047
제주도 —— 048
매미 —— 049
열熱 —— 050
꽃은 아프다 —— 051
연꽃 —— 052
꽃꽂이 —— 053
능소화 —— 054
해바라기 —— 055
탱자꽃 —— 056
장다리꽃 —— 057
나팔꽃 —— 058

3 저 귀뚜라미 소리, 이별을 고하는 소리

소유욕 —— 060
우체통 —— 061
카톡 —— 062
오늘 —— 063
꿈의 퍼즐 —— 064
미장원 —— 065
무임승차 —— 066
저금통 —— 067
길 —— 068
올림픽공원에서 —— 069
주검 —— 070
빈 그네 —— 071
하이힐 —— 072
아름다운 황혼 —— 073
시장에서 —— 074
하루 —— 075
이별 —— 076
나이 —— 077
친구에게 —— 078

피가 시린 이별 —— 079
늙은 암탉 —— 080
그리움 —— 081
수도꼭지의 눈물 —— 082
커튼 —— 083
부정맥 —— 084
인생은 뜀박질 —— 085
달력 한 장 —— 086
가는 해 —— 087
와우정사 —— 088
세월 —— 089
숨은 세월 —— 090
은혜의 길 —— 091

4 아버지의 땀냄새가 그립다

어머니 —— 094
울 엄니 잠꼬대 —— 095
장맛 —— 096
손녀딸의 잠꼬대 —— 097
울 아버지 —— 098
양철지붕 정미소 —— 099
쫑구아저씨 기타소리 —— 100
울 엄니 —— 101
그 골목 —— 102
풋감 서리 —— 103
어머니의 목소리 —— 104
똥개 황구 녀석 —— 105
내 별 —— 106
낡은 냉장고 —— 107
밤골의 하루 —— 108
장날 풍경 —— 109
고향집 —— 110
내성천변에서 —— 111
된장국 —— 112

5 추억의 청춘가를 부른다

시詩 ——— 114
추억의 청춘가 ——— 115
푸른 오늘 ——— 116
글쓰기 ——— 117
문학의 집에서 ——— 118

해설 • 허형만 ——— 119
맑고 순수한 영혼에서 울리는 언어
—천영희의 시에 대하여

1

앞마당에 봄

봄의 발자국 소리

봄비 후드득 마당에 내리니
빗방울 나비되어 내 어깨 위에
앉는다
남쪽에서는 홍매화 분단장하고
수줍은 목련도 입마중 나왔다
안양천 꽃들은 늦잠을 자고
뉴스에는 무서운 사건 사고들
올봄에는 꽃향기에 모두 취해서
새들의 고운 노랫소리만 들렸으면
좋겠다
창 너머 손녀딸의 까르르 웃음소리
새싹들의 기지개소리
봄의 발자국 소리

봄 봄

울타리 아래
살포시 고개 내민
연초록 아기손

봉숭아 채송화 맨드라미
아장거리는 안개비와 키 재기하고

훈풍 살랑이고 햇살 어루만지니
빨강 노랑 분홍으로 치장해 새각시 되어
함박웃음을 터뜨린다

앞마당에 봄
봄이 출렁인다

새 두 마리

장마 지던 어느 여름날
베란다 찢어진 방충망 사이로
이름 모를 새 한 마리 들어와
벤자민 위에 살포시 앉았다

왕방울만 한 눈으로 주위를 살피며
베란다가 꽃밭인 줄 알고
친구까지 불러댔다

갇힌 줄도 모르고 마냥 좋아라고 지저귀는
새 두 마리

유리창 너머 바람은 불어오고
새들의 합창소리에 꽃들이
박수를 친다

배롱나무

겨우내 벌거숭이로 오들오들 떨다가
별빛 달빛 어루만져
연둣빛 이파리로 고개 내민다
장마에 촉촉해진 눈시울
햇살 내려오니 미소로 맞는다

뙤약볕에 얼굴은 분칠하고
보랏빛 고운 자태
흐드러진 웃음으로 세상을 품으면
가을 머금은 바람이 꽃잎 흔들며
살며시 나뭇가지에 머문다

오월의 숲

삶에 절은 상처 배낭에 담아
아카시아 찔레꽃이 부르는 숲으로 간다
꽃무리 입에 물고 구름타고 달아난 봄 아가씨
연둣빛 여린 손에 초록 옷 입고 사분거리며 온다

산새들 햇살 쪼며 바람 따라 날고
보랏빛 라일락 향기 소매 끝에 머문다
키 작은 제비꽃은 발돋움 하며 쌩긋 눈 마주치고
찔레꽃 눈웃음에 가슴이 두근거린다

떨어진 동백꽃을 글썽이며 바라보는 동박새의 눈망울
싱그럽게 물든 초록 하늘 바라보며 찌든 상념 내려놓고
봄 향기 그윽한 오솔길을 걷는다

염천 炎天

장작불처럼 이글거리는 폭염에
헐떡이는 가로수의 축 처진 잎사귀
하늘만 쳐다보며 목마름에 비지땀을 흘린다
비둘기도 사람들도 그늘 찾아
두리번거리며 여우비를 기다리고
뉘엿뉘엿 지는 해는
헉헉거리며 강물 속에 풍덩 뛰어든다

여름과 겨울 사이

나뭇잎도 숨 몰아쉬는 찜통더위
소낙비 내리니 목 축인 여름이 풀섶에 눕는다

뽀드득 눈길 걷다 손발 시려오면
땡볕 여름이 그립고
온도계 눈금이 숨차게 오르면
처마끝 고드름이 그리운 변덕쟁이

시간에 밀려간 붉은 태양이
단풍 옷 갈아입고 산들바람에 실려
창가에 서성인다

귀뚜라미 가을 타고 하늘을 날고
코스모스 한들한들 걸어서 하늘까지

태풍 그 후

유리창 뚫고 들이치는 빗줄기
초가지붕 삼키더니 백일홍 머리채 흔들어
뿌리 뽑혀 훌쩍인다

아스팔트 위 자동차 바퀴에
하얀 안개꽃은 매달려가고
황톳빛 살점이 뜯겨 허물어진 비탈길에
맨살 드러낸 앙상한 나무뿌리가 흐느낀다

천둥 번개 숨 죽은 뒤
빗방울은 호수 위에 은방울 되어 뛰고
무지개 타고 온 청개구리
떡갈나무 잎에 앉아 슬피 노래 부른다

바위자락 붙들고 버틴
보랏빛 제비꽃
햇살 비추니 배시시
얼굴 내민다

장미의 계절

철조망 딛고 오르는 연둣빛 넝쿨에
올망졸망 매달린 수줍은 젖봉오리
햇살이 눈부셔 잎새 뒤에 숨는다
게슴츠레 눈뜬
호랑나비 성큼 다가와 입맞춤하고
남정네가 무심코 꽃봉오리 따려다
가시에 찔려 선홍빛 피가 철철
토라진 꽃잎이 눈을 흘긴다

여명

눈 오는 밤
골목 휘감는 시린 목소리
메밀묵 사려~ 찹쌀떡
문풍지 파르르 정적을 깨고
골목길 외로운 발자국 멀어져가면
불 꺼진 창에 여명이 밝아온다

국화

하얀 국화꽃
호롱불 쓸쓸한 상갓집 문지기로
우두커니 서 있다

만 가지 사연안고
스쳐가는 사람들

달빛 타고 흐르는 꽃향내
먹먹한 가슴 파고들며
서럽게 울먹인다

가을

자물쇠로 잠가도
어느새 문 열고 나와
햇살자락 끌며
동산으로 걸어 가는 태양

연둣빛 이파리
여름에 그을려 갈색으로 변색되고
아스팔트 위 아지랑이
숨 몰아쉬며 가로수 잎사귀에 걸렸다

매미가 물고 간 청춘 같던 여름
가을 안고 다가선 코스모스
실바람에 살랑거린다

유월

넝쿨 장미꽃은
노을 따라 지고
아침 햇살이
보랏빛 유월 안고
사잇문을 연다

해바라기 맨드라미
잠에서 깨어나고
감나무 감꽃은 나비처럼 날더니
푸른 빛 땡감으로 여물어간다

뉘엿뉘엿 어둠이
아파트 광장에 내려오면
밤하늘 별들도 함께 내려와
감나무 위에 눕는다

계절

누구의 부름으로 사계절은
새 옷 단장하고 담 넘어 오는 걸까?

해와 달과 별은 초침소리도 없이
쏜살같이 시간을 실어 나르고
봄 여름 가을 겨울 꿀꺽 삼키며
물외처럼 쑥쑥 자라는 손녀딸의 키에서
비로소 시간의 속도를 가늠한다

여름 따라 가버린 매미
가을 타고 돌아온 귀뚜라미 소리
폭폭 쏟아지는 눈
얼음짱 깨뜨리는 계곡 물소리

굴렁쇠 굴러가듯 계절도 그렇게 흘러간다

시월

뙤약볕 건너
산들바람 타고 온 시월이
들국화 꽃봉오리 살짝 스치니
실눈 뜨며 배시시 꽃잎을 연다

단풍잎은
수줍은 새색시처럼
볼연지 찍고 얼굴 붉히며
나뭇가지에 살포시 앉았다

귀뚜라미 소리에 감은 익어가고
대청마루 어머니 다다미 소리에
시월의 밤은 깊어간다

익어가는 가을

밭두렁 호미 끝에 고추가 주렁주렁
논두렁 지게 위에 나락이 찰랑찰랑
허수아비 콧잔등에 매달린 방울소리에
참새떼 줄행랑친다

호수 같은 가을 하늘
잠자리 한 마리 팽그르르
맴 돌며 날고
해거름 울어대는 쓰르라미 소리에
처마 밑 대롱거리는 곶감은 익어간다

겨울 도시 풍경

찬바람 골목길 휘휘 돌면
아스팔트 위 발자국 소리 종종거리고

먹이 찾아 빌딩 숲 숨어드는
허기진 사람들

비둘기 한 마리 언 발 녹이려
두리번 두리번

햇살 보듬고 뒹구는 노숙자 곁에
비둘기도 함께 누워 있다

2

꽃잎이 눈물로 그렁그렁 매달렸구나

도토리

햇살 머금은 탱탱한 도토리
오늘도 벙거지 모자 삐뚤게 멋 부리고
다람쥐 등에 올라탔다
단풍 휘감긴 골짜기 누비며
들꽃 향기에 취해 졸다가
망태기에 붙들려 앞마당 멍석 위
땡볕에 뾰루뚱 구르고 있구나

홍시

풋풋한 땡감이
이파리 사이로 햇살과 눈 마주치며
속살거리더니 어느새 가을을 익혀
홍시가 되었네
촉촉이 내려앉은 달빛 손잡고
장독대 옆 풀밭에 누워
감나무에 매달린 별들을 세어본다

뻘밭의 하루

갯벌 논게들 사춘기 아이처럼
바른길 손사래 치며 샛길로만 뛴다
물살 가르며 쏜살같이 쫓아온 햇살
그림자로 따라가며 뒤뚱거린다
은빛 물결 살며시 왔다가
파도 꼬리 잡고 줄행랑치니
찰진 뻘밭에 수많은 생물
말끔한 얼굴 내밀며 만국어로
시끌벅적하다
몽실몽실 거품내며 두 눈 부라리고 시비 거는 논게
립글로스 바른 입술 방실대는 조개들
높이뛰기 자랑하는 짱뚱어 무리
철썩이는 물결에 흥겹게 뒹굴다가
소낙비 내리니 허겁지겁 땅굴로 피해
해뜰날을 기다린다
오늘도 석양은 진홍빛 햇살을 물결 위에 던지며
슬며시 사라져간다

아침

어둠 헤집고 들어온 달빛
툇마루에 앉아 헛기침하는
할아버지 곰방대 위에 살짝
빛나고
담벼락에 매달린 늙은 호박
어둠속에 황금빛을 띤다
헛간의 황소
손전등처럼 커다란 두 눈 부라리고
귀뚜라미 목청 높여 어둠을 밀어내자
작열하는 햇살 퍼지며 만물이 화들짝 놀라
잠에서 깨어난다

수채화

영글어 고개 떨군 해바라기
가는 허리 요염하게 흔드는 코스모스
향내 풍기는 국화꽃 위를 맴도는
고추잠자리
이 가을 풍경을 모두 담아
파란 하늘 도화지에 한 폭 수채화로
그리고 싶다

달 동동 별 반짝

우물가 아낙네들 빨래 방망이 소리에
겨울 잠자던 개구리들 화들짝 놀래 깨어나고
영암댁 송월댁 조잘대는 소리에 종달새도
귀 따갑다 동구 밖으로 마실간다
우리 언니 물동이엔 달이 동동
내 물동이엔 별이 반짝
동짓날 팥죽 새알처럼 예쁘게 떠서
불 밝히며 따라온다

보름달

동아줄 타고 내려온 보름달

낮에는 눈 시려 장님으로 지내다가

밤 되니 살며시 눈 떠 세상을 구경한다

백두산 천지, 한라산 백록담

눈도장 찍고 남산길 한 바퀴 돌아

한강을 건너 내 창문 똑똑 두드린다

아랫목에 둘이 앉아 도란도란 얘기꽃 피울 때

문틈으로 새어드는 귀뚜라미 소리에 가을은 깊어가고

갈 길 서두르는 너를 내 영혼의 창틀에

꽁꽁 묶어두고 싶다

이슬

하얀 달빛 아래
그네 타는 수정 같은 이슬
밤새 얼굴 부비며
꽃이파리와 속살거리다가
꼬끼오 첫닭 울자
눈 흘기며
슬그머니 꽃잎 뒤로 숨는다

굴비

백화점 유리방에
포승줄에 묶여 쭈그리고
앉아있다가

솥뚜껑 같은 손아귀에 덥석 잡혀
무릎 꿇고 빌었건만

어느새
밥상 위에 처연히 누워있다

홍시 한 입

감나무 감꽃이 이슬에 젖더니
땡감으로 주렁주렁 열리고
오뉴월 초록빛과 속살거리더니
새 색시 얼굴 같은 붉은 볼로 물들었다
실바람 살며시 스치니
홍조 띤 웃음으로 금세 피어오른다
떫은 세월 진홍빛 사연
가슴에 묻은 할머니
말랑한 당신 젖가슴 같은
홍시 한 입 베어 물고 배시시 웃는다

포구 풍경

동해의 아침 해가 굴렁쇠를 굴리며 솟아오른다
물새들 뱃고동 소리에 젖어 파도를 가르고
갯바람에 그을린 어부의 구릿빛 팔뚝에 매달린
만선의 그물망
북적이는 어시장 경매사의 쩌렁쩌렁한 목소리에
새파랗게 질린 가자미 문어들
한바탕 질펀한 잔치 끝내고 썰물 따라 가버린 썰렁한 포구에
햇살 안고 뒹구는 갈매기떼 울음소리만 요란하다

진달래꽃

앞산에 꽃 물드니

뻐꾸기 울음소리
골짜기에 메아리치고

벌 나비 향내 젖은 날개
사부작거리면

진달래꽃은 진홍빛 볼로
수줍게 피어난다

생쥐

독 안에 갇힌 생쥐 한 마리
빌어도 빌어도 동아줄 내려오지 않고
심장 활활 타 연기만 피어오른다

해송 海松

동해안 바닷가에
해송이 옹기종기 모여 산다

하얀 파도가 뜀박질치고
바람이 불어도
갈매기며 까치는 솔잎 위에
둥지를 틀고

천둥 번개 몰아치고
비바람 내려쳐도
동해안 바닷가 해송은
푸르름 간직한 채
만선의 고깃배 기다리며 산다

산 까치

까악 까악
아침에 까치 울면
반가운 손님 온다는데

까악 까악
과수원에 산 까치는
빨간 사과 먹겠다고
보채며 운다

달의 내력

여름밤
더위에 지쳐
연못에 풍덩 빠져 멱 감고 나와
환한 보름달 되고

겨울밤
꽁꽁 언 얼음 위에 미끄러져 엉덩방아 찧더니
찌그러진 그믐달이 되었다

파리 한 마리

빗줄기 유리창 두드리고
금간 기왓장 사이로 숨어든 빗방울이
대청마루 천장에서 눈물처럼 흘러
빗물 담은 양재기에 넘쳐날 때
윙윙거리며 날던 파리 한 마리
풍덩 빠져 허우적거린다

상처

부글부글 끓던 용광로의 쇳물은
넘쳐흘러 핏물이 된다
바위를 부수는 석공의 손끝은
얼마나 날카로운가?
부서진다
한 움큼의 모래로
칼날을 세워 비둘기를 해부하며
하얀 웃음을 날리는 사람들
여린 속살 드러낸 연둣빛 자운영 위로
사자들 발톱 할퀴며 짓밟고 지나간다
깊게 패인 상처에선 선홍빛 피가 주르르 흘러
도랑을 이룬다
아침에 뜨는 해는 핏빛이다
여인의 가슴은 흑빛이다
해바라기하며 지내온 세월이 야속하다
알에서 깨어난 새
넓은 날개 활짝 펼치며 창공으로 날아간다

제주도

제주도 바다는 박하사탕

육지에서 막혔던 가슴 뚫어주고
잔잔한 파도가 웃음주네

백사장 모래에 발도장 찍고
물거품 한 움큼 손에 잡으니
손가락 사이로 모든 시름 씻겨간다

용바위 올라 수평선 바라보니
만선의 깃발 휘날리며 돌아오는 고깃배들
갈매기 휘휘 날으며 길 안내한다

매미

느티나무에 매달려
잎새 쪼아대며 울어대는 매미
벙어리 어미 품이 한이 되었나
이별한 날 알기에 애간장 태우며
피 토하듯 운다
고막 터진다 삿대질해도
그칠 줄 모르는 울부짖음
나뭇가지에 걸린 노을이 눈시울 붉히고
초승달이 살포시 내려와 어미인 듯 보듬어준다

열 熱

숲은 지구의 熱을 내리지만
끓어오르는 사람의 熱은 무엇이 내려줄까?
소낙비일까 시냇물일까?
아니면 사랑일까?
연꽃잎 차에 피어오른 한숨
熱을 물고 사라진다

꽃은 아프다

바람에 흔들리고
빗줄기에 젖어도
꽃은
꽃이기에 쌩긋 웃어야 한다

캄캄한 밤에
어둠이 무서워도
꽃은
꽃이기에 울지 못한다

웃지도 울지도 못하는
꽃은 아프다

연꽃

노을 속
저벅저벅 걸어가더니
어느새
하얀 등불로 피어났구나

커다란 잎사귀 아래
숨을까 말까 망설이다가
소낙비 내리니
후다닥 숨는다

억새풀 바스락거려
밤참 설치며
동쪽 향해 염불 외우더니
햇살 불러온다

생로병사 찌든 세월
새 색시 고운 얼굴로
환히 빛나거라

꽃꽂이

시무룩한 꽃에 혼 불어 넣어
수반에 앉히니 물 오른 꽃대궁
살포시 고개 든다

삭막했던 집 안에 생기가 돌고
방마다 향기 그윽하니
그림 속 학이 살포시 내려와
꽃잎 위에 나래를 편다

창밖에 호랑나비
유리창너머 곁눈질 하고
꽃은 저마다 자태 뽐내며
흐드러지게 피어난다

능소화

돌담 뒤에 까치발로
행여나 임 오시나 엿보는 능소화
꽃술 파르르 떨며
씨방이 까맣게 타들어 가는
긴 기다림의 세월들

초승달 뜨는 밤에는
발자국 소리에 꽃잎을 열고
나뭇잎 흔들리는 소리에도
얼굴 붉히며 가슴 조이던
그리움의 심장소리

행여 꿈에라도 사랑가 부르며
눈이라도 마주쳤으면
소낙비에 젖은 꽃잎
눈물로 그렁그렁 매달렸구나

해바라기

담 너머 바스락거리는 소리에
행여 내 님일까?
그리움 삼키며 긴 목 빼고
서 있는 해바라기

기다림에 지쳐 심장은 까맣게 타들어가고
꽃잎에 그렁그렁 샛노란 이슬방울

호랑나비 살포시 날아와 입맞춤 하니
방글방글 웃는 해바라기

고추잠자리 한 마리도 동그라미 그리며
주위를 맴돈다

탱자꽃

우리 집 담은 흙 벽돌담
옆집은 탱자나무 울타리
하얀 꽃 피고 지더니
탱자가 주렁주렁 열렸다
주인 몰래 탱자 하나 따려는데
헛간 옆 누렁이 송곳니 드러내 눈 흘기며
짖어댄다
화들짝 놀라 가시 찔린 내 손가락
선홍빛 핏방울이 방울방울 울타리에
맺힌다

장다리꽃

신작로 옆 장다리꽃 밭에
봄꽃잔치가 한창이다
벌과 나비들 너울너울 춤추며 흥을 돋우고
개구리는 장단 맞춰 높이뛰기를 한다
봄바람에 간지럽힌 장다리꽃
얼굴 붉히며 어깨춤을 춘다
길 가던 아이들 풀섶에 앉아 구경하고
벌과 나비 꿀에 취해 꽃잎 속에 얼굴 묻는다

나팔꽃

울타리의 나팔꽃
이슬 머금고 싱그럽게 피었다가
햇살 비추니 잎새 뒤에 숨는다

아쉬운 만남
언제쯤 다시 만날까?

째각 째각 달리는 초침소리

대답이 없다
침이 마른다

삼백 육십 오일
기다리란다

3
저 귀뚜라미 소리, 이별을 고하는 소리

소유욕

으스러지도록
꽉 쥔다
날지 못하게
품에 안고 뒹군다
들키지 않게
병풍 뒤에 숨는다
놀부의 심술보
부귀영화 머리에 이고
바다를 쪼개는 교만

붉은 햇살에
심장이 타오르며
휘청거린다
움켜쥔 양손 펴고
징검다리 걷는다
새털구름 타고
하얀 하늘로 날아간다

우체통

인생살이 희로애락
꿀꺽 삼킨 채 홀로 서 있구나
봄 여름 가을 겨울
말없이 우두커니 서 있구나
기쁜 소식 오면 빙그레 웃고
슬픈 소식 오면 눈물짓는구나
매연 삼켜가며 모든 사연 보듬고 서 있는 너
울타리에 곱게 핀 빨간 장미를 닮았다

카톡

카톡으로
하루가 열리고
도둑고양이 살금살금
시간을 물고 간 흔적
거울 속에 비친 곰삭은 여인의 얼굴

카톡 카톡
친구들의 우정 먹고
오늘도 키가 한 뼘이나 자랐다

오늘

날마다 오늘인 하루
공평한 시간들
과거의 미래였던 날
삼백육십오일 중
오늘
캘린더가 부시시 눈떠
내일을 본다

꿈의 퍼즐

세모 네모 동그라미
조각난 꿈의 퍼즐을 맞추어본다

어긋난 틈새로
칼바람이 불고
파랑새 좇아 날아가버린
젊은 날의 시간

단발머리 소녀의 손끝에 피어난
십자수 액자 속 둥근 달이
빙그레 웃고 있다

미장원

뒤숭숭한 심사에
밤송이처럼 부스스한 머리카락
미용실 안락의자에 앉아
꾸벅꾸벅 졸다보니
어느새 미용사 가위손에
뚝뚝 잘려나간 근심 걱정들
요술부린 손끝에 정갈해진 내 모습
함박웃음 지으며 미장원 문을 나선다

무임승차

육십 오세 경로우대증 지하철 무임승차
바람 타고 가는 철새 달빛 안고 흐르는 시냇물도
무임승차
꽃잎 지듯 가는 젊은 날
손에 쥔 차표 한 장
소나무 가지에 무임승차한
저녁 노을이 소스라치며 눈시울을 붉힌다

저금통

돼지가 삼킨
동그란 노랑 동전
다보탑
염불소리에
두 손 합장하며
빙글빙글 탑돌이한다

길

하늘을 가르는 비행기 길
구름이 뒤쫓고
철새는 깃털 퍼덕이며
제 길을 간다

뱃고동 울리는 바닷길
고기잡이 배 물살 가르고
산등성이 뚫은 터널길
기차가 달음질친다

가로수 쭉 뻗은 고속도로 위
저마다 사연 싣고 질주하는 차량

오솔길 다람쥐 뛰어놀고
골목길 아이들 숨바꼭질 한창인데
빌딩 숲 서성이는 내 발길
어디로 가야 하는가?

올림픽 공원에서

마천루 같은 빌딩
키 재기로 솟아오르고
공원의 만국기가 경례하며 어서 오라
손짓한다

그 날의 희열은
울창한 숲을 이루고
굴렁쇠 굴리던 소년이
롤러스케이트로 광장을 질주한다

창문마다 울려 퍼진 그 날의 함성
한 장의 책갈피에 우두커니 앉아 있다

주검

부귀영화
무지개 잡고 태어나
희로애락
혼불 태워 살더니
생로병사
허우적이다 사그라진다

빈 그네

놀이터에 빈 그네가
졸고 있다

재잘거리며 몰려와
하늘을 차고 놀다가
모두가 떠난 텅 빈 놀이터

춘향이 치맛자락에 휘감기던 그네가
소슬한 바람에 쓸쓸히 흔들리고 있다

하이힐

신발장 안에
간택받기를 기다리는
굽 높은 구두 한 컬레

달아난 세월 행방 묘연해
오늘도
꾸벅꾸벅 졸고 있구나

아름다운 황혼

시간을 싣고
물위에 나뭇잎이 흘러간다
세월이 안타까워
옹달샘에 꽃잎이 맴돈다
깔딱고개 넘기 힘들어
수레바퀴를 바람이 밀고 간다
햇살은 웅크리고 앉아 있고
황금빛 노을이 찬란하다

아름다운 황혼이다

시장에서

북적이는 시골 오일 장터에
산과 들의 농익은 과일 채소가
수북이 쌓여 호객행위가 한창이다

빨간 홍시
초승달 눈썹 문신의 할머니 손에
덥석 잡히고 무 배추는 꼿꼿이 서서
몸매자랑이 한창이다

국밥집에는 인정 넘치는 주인 아지매의
호들갑이 무르익고 담배연기 자욱한
방안에 얘기 꽃이 만발한다

사시오 사시오 내 마음까지 덤으로 드립니다
외쳐대는 생존의 모습
우울증에 찌든 도시 사람들

시장 모퉁이에 멍석 깔고 콩 팥 참깨 파는
손등 갈라진 촌부 곁에 앉아 내 우울증도 팔고 싶다

하루

땡땡 새벽 종소리에
하늘 문 열고 얼굴 내민 태양
숲의 나뭇잎 기지개 펴고
새들은 눈 비비며 이슬을 털고 일어난다
담장 위 나팔꽃 촉촉하게 웃고
풀벌레 노래소리 문틈으로 새어들면
할아버지의 기침소리로 커튼이 열린다
어둠에 묻혔다 부활하는 아침
마음의 빗장 활짝 열고
햇살처럼 따스한 마음으로
모두를 품는 하루가 되게 하소서

이별

바람 불어 단풍 떨어지듯
친구의 부음이 전해왔다

한 잎 두 잎
꽃 이파리 떨어지는 소리

단발머리 코홀쩍이며
고무줄놀이에 혼줄 빼앗기던 때가
엊그제 같은데 고향 떠나 객지생활
외로움과 고달픔에 되돌아 볼 겨를도 없이
숨 헐떡이며 지나온 쭉정이 같은 세월

단풍잎 주워 책갈피에 끼워두던 그 시절은
간데없고 붉은 노을 바라보며 뒤뚱이는 우리들
고운 가을 끝자락 보내며 유난히 구슬피 울어대는
저 귀뚜라미소리 이별을 고하는 소리

나이

주홍빛 노을 속으로
삽살개가 나이를 물고 간다
도둑을 만나도
천둥 번개 쳐도 짖지 않더니
새끼가 시계를 물고 따라오니
손사래 치며 마구 짖어댄다

친구에게

바람에 뒹구는 노란 은행잎 주워
편지를 쓴다
뽀송뽀송 갈래머리에 후리지아 향내
풍기던 너
무지개 좇는다며 까르르 웃던 샛별 같던 소녀
초승달과 눈 마주쳐 수줍어 귀 빨개진다
황금화관 쓰고 웨딩마치에 취해 깜박 졸다 깨어보니
덜컹거린 수레바퀴 꼬부랑길을 휘돌아 어느새 가을 끝자락에
우리 앉아 있구나
바위 틈 비집고 핀 들국화 보며 무겁던 보따리 흰 구름에
건네주고 바스락거리는 갈잎 길에 너랑 손깍지 끼고
노을 밟으며 걷고 싶구나

피가 시린 이별

연인과 이별은 가슴 시리지만
부모님과 고별은 피가 시리다

손수 한 땀 한 땀 수의 만드실 때
육신 다 꿰매 봉하고 그리 베푸시더니
비단 옷 곱게 단장하고 빙그레 미소 지으며
천사 등에 업혀 떠나신 어머님

남기신 발자국 징검다리 삼아 동기간에 우애하고
탁한 세상에 물들지 않고 바르게 살다가
후일 어머님 동네 풍악 울리며 꽃 잔치할 때
못 다한 선물 꾸러미 바지게에 지고 꽃구경 가겠습니다
어머님

늙은 암탉

장대비가 쏟아진다

우산도 없다
비옷도 없다
장화도 없다

빗물에 흥건히 젖은 늙은 암탉
담벼락에 기대어 오들오들 떨고 있다

찬바람에 숭숭 빠진 깃털은 날아가고
눈물 삼키며 내가 거기 홀로 서 있다

그리움

딸 그리운 밤이면 계수나무의 초롱꽃과
도란도란 얘기꽃
날 새면 하얀 낮달 되어
유리창 밖에 서성인다
툇마루에 웅크리고 앉아
찌그러진 그믐달 안고
자식 얼굴인 양 어루만진다

수도꼭지의 눈물

수많은 사연 안고 침묵하며 흐르는 한강
다리 위 가로등이 매연에 찌든 도시를
물끄러미 바라보며 긴 한숨 쉬고 있다
삼팔선이 그어놓은 남과 북처럼
한강이 그어놓은 강남 강북
네 것 내 것 크기 자랑에 눈과 입이 돌아간다
노숙자 밟고 지나가는 거친 발자국 위로
금가루 입힌 빌딩은 찬란히 빛나고
쪽방촌 할머니의 한숨에 수도꼭지가 동파돼
눈물 흘린다
TV 화면에는 먹방으로 분칠하고
꾸역꾸역 쑤셔 넣는 하마 입들이 분주하다
살아 숨 쉬는 오늘 하루가
짓눌린 무게에 헐떡이며 나침반을 찾는다

커튼

커튼을 열어 오늘을 연다
집집의 창문 두드리는 아침 햇살
무표정한 얼굴로 기지개를 펴고
온종일 친구인 리모컨을 집어 든다
시간 타고 굴러가는 광대놀음이 시들해
소식 물고 오는 핸드폰을 검색해 본다
약봉지에 입을 행군 하루가 노을 속에 젖어들면
다람쥐 쳇바퀴 돌리던 오늘이 커튼을 닫는다

부정맥

맥박이 갈之자다
빨간 신호등이 깜박거린다
까만 유리잔에 넘치는 스트레스
눈을 감아도 귀를 막아도
온 몸에 흥건히 젖어온다
헐떡이는 초침
침묵으로 숨고르기하고
훌쩍이는 새소리에 눈을 떠본다
시냇물에 흘러가는 들꽃 한 송이
신호등에 파란 불이 켜졌다

인생은 뜀박질

까만 쭉정이 간간히 핀 밀밭 길 지나
들꽃과 속살거리며 흐르는 시냇물 건너
뻐꾸기 뻐꾹대는 계곡을 휘돌다보면
지평선 위 달리는 급행열차의 기적소리가
아른거리는 석양 속에 묻혀 사라진다

운동회가 열리는 날이었지
가을 하늘처럼 맑은 눈 번뜩이며
청백 머리띠 질끈매고 400m 계주 출발점에 서면
가슴은 두근대고 다리는 왜 그리 떨렸던지
마침내 고막을 때리는 호각소리에 검정 고무신이
벗겨진 줄도 모른 채 쏜살같이 내달려
하얀 무명베 운동복으로 가슴 내밀던 그 때 그 시절

뜀박질하며 세월 좇듯이
초승달은 어느새 보름달
운동회 호각소리가 바람소리에 묻혀
들릴 듯 말 듯 아련히 사위어 간다

달력 한 장

날갯죽지에 매달린 희노애락
하늬바람에 실려보내고
게슴츠레 허공을 응시하는
마지막 달력 한 장
숭숭 뚫린 가슴 안고
농익은 막걸리에 불그레 홍조 띠며
새해를 기다린다

가는 해

산타의 종소리 지붕 위에 날고
마당에 뒹구는 단풍잎
별무리 끌어안고 겨울잠을 잔다

서쪽 하늘 붉은 노을 타고 날아가는
기러기떼 울음소리
가는 해 아쉬워 끼룩끼룩
처량히 울며간다

와우정사*

부처님이 황금옷 입고
산 중턱에 누워 계신다
중생들 기다리다 지쳐
뻐꾸기 노래소리 들으며
목탁 베고 누워 계신다
산골짜기 웅크린 영혼
타종소리에 깨어나고
혼탁한 마음 푸른 하늘에 씻고
정갈해진 마음으로 두손 합장하며
부처님께 절을 올린다

*경기도 용인시 해곡동 연화산에 위치한 사찰.
 인도 미얀마 스리랑카 중국 태국 등에서 모셔온 불상 3천 점이
 진열돼 있고 세계 최대의 누워있는 목불상을 모시고 있다.

세월

초침은 가파른 오르막길 헐레벌떡 오르고
분침은 쉬엄쉬엄 가자하고
시침은 숨차니 쉬어 가자 한다

바람에 등 떠밀려 언덕배기 다다르니
세발자전거가 세월을 매달고 쏜살같이
노을 속으로 굴러간다

숨은 세월

서리 내린 머리카락 염색으로 숨기고
눈가에 주름살 안경 너머에 감추고
빛바랜 입술은 빨간 립스틱으로 숨겼지만
우두둑 뼈마디 소리는 숨길 수가 없구나

은혜의 길

새벽 여는 성가에
가슴 젖는다

평강과 은총 망각하고
고독에 허우적대는 일상들

어둠에 갇혀 훌쩍이고
마음 속 깊이 상처 입은 얼룩들
햇살 비추는 창문 열고
후여후여 날려 보낸다

걸어라 밝은 빛을 향해서!

메마른 가슴에 소낙비 내리니
시든 새싹들 싱싱하게 피어나고
정다운 이웃이 어깨동무하며 걷자 한다

마음의 문 열고 은혜의 길 걸어본다

4

아버지의 땀냄새가 그립다

어머니

초록 햇살 넝쿨 헤집으며 피어오르고
새벽 풍경소리에 숲은 열리는데
짚불 태운 영혼 사그라지듯 구십두 해 발자국
남기고 어머님은 떠나셨습니다

호박덩이 일곱 개 주렁주렁 매달고 사시다가
스르르 손 놓고
무지갯빛 꿈꾸며 여행을 떠나셨습니다

철없는 며느리 바다 같은 치마폭으로
꽉 여미며 눈물 닦아주시더니 허망하게 어머님은 떠나셨습니다

모진 세월 견디는 겨울나무도 봄되면 연둣빛 이파리로
다시 걸어 나오는데 앞마당에 절구통 헛간에 호미며 망태기
어찌 서운해 놓고 가시는지요

뒷산에 부엉이도 산등성이 뒤로 숨는 달 쳐다보며
자지러지게 웁니다
이슬 뚝뚝 떨어지는 꽃길따라 천사 등에 업혀서 천국
꽃마차 타고 편안히 가십시오

사랑합니다 어머니

울 엄니 잠꼬대

밤 새워 물레 돌려
하얀 세월 타래로 짜던 울 엄니

아흔여섯필 무명베 같은
질기고 질긴 목숨으로
자식 발자국 소리 기다리던
그 긴 나날의 무게에 눌려
도로 아기가 되었다

하루를 여미는 요양병원
그리움에 창 넘어 들어온
달빛과 정담 나누다 쌔근 쌔근

영감!
거기 이쁜 새악시 많소?

오물거리는 천진한 입술로
잠꼬대한다

장맛

고층아파트
베란다 화분 사이
간장 항아리에 햇빛이 출렁인다

짭조름한 냄새에 꽃향기 버무려져
코끝을 톡 쏜다

어머니 손끝이 피어낸
곰삭은 고향의 장맛

올 가을엔 애호박 두부 넣은
구수한 영희표 된장국을 맛볼 수 있을 거나?

손녀딸의 잠꼬대

반딧불 모아 만든 호롱불
처마 끝에서 대롱대롱

평상 위에 살포시 누워
풀벌레 자장가에 잠든 손녀딸

꿈결에 취해 쥠쥠 짝짜꿍
잠꼬대한다

울 아버지

지게 위 나락 한 섬
절뚝이는 걸음걸이에 업혀와
논둑길 한 켠에 오도카니 앉아 있다

나락 한 섬은
울 아버지 베적삼에 젖은
땀의 무게

아버지의 그 땀 냄새가
그립다

양철지붕 정미소

참새떼 기웃거리던
정미소 양철지붕에
후드득 소낙비 내리고
철거덕거리는 기계에선
조팝나무 꽃잎 같은 하얀 쌀이 쏟아진다

가마니에 담겨
삐거덕 사립문 열고 들어와
광 속 항아리에 가득 차면
파란 물 되어 넘실댄다

꼬막손에 한 움큼 집어
병아리한테 주면
뽀송한 솜털 날개에 짧은 다리 뒤뚱이며
쪼아 먹던 모습

팽나무 옆
양철지붕 정미소가
뿌연 안개 속에 아롱거린다

쫑구아저씨 기타소리

건넛마을 다리 저는
쫑구아저씨 기타소리

감나무 잎사귀에
장단 맞추듯 잠시 걸렸다가
물동이 이고 가는 큰언니 댕기머리에
대롱거린다

젓가락 장단에 시끌벅적한 주막집 창가소리에
살며시 들렸다가 전깃줄에 매달려 참새 떼와
그네를 탄다

울 엄니

강남 갔던 제비는
연둣빛 새순 물고
둥지 찾아 돌아오는데
꽃구름 타고 가신
울 엄니는 꿈속에서나
만나뵐 거나

그 골목

엿판 밀고 골목길 누비는
엿장수 아저씨

달콤한 엿냄새가 골목을 넘나들면
동네 아이들 왁짜지껄 헌 고무신짝
빈병 쪼그라진 양재기 허리춤에 숨겨와
쫀득하고 다디단 엿과 바꾸었지

당산나무 그늘 아래
동무들과 엿치기하고
너 한 입 나 한 입 나눠먹던 그 시절

끈끈했던 동무들은
모두 객지로 떠나가고
그 골목에 빈 병만 쓸쓸히 구르고 있다

풋감 서리

달도 별도 없는 깊은 밤
언니 치맛자락 붙잡고
과수원 울타리 개구멍 기어들며
풋감 서리에 나선다

주인한테 들킬 새라 두리번거리며
숨도 제대로 못쉰 채 주렁주렁 열린
풋감을 치마폭에 담는다

집에 돌아와
떫은 세월 우려내듯
된장을 풀어 삭히면
어느새 단감 되어 달착지근한 그 맛

그 맛이 그립다

어머니의 목소리

첫 서리 내리던 날
햇살 내려앉은 멍석 위에
김장 고추 말리다가
하늘이 빙글빙글 지구가 흔들흔들
중풍으로 쓰러지신 어머니
병실 하얀 벽에 말은 맡겨둔 채
옷만 갈아입고 퇴원하셨다

일흔 다섯 해 목소리가 날아 가버린 날
어둠을 쥐어뜯던 피멍든 손가락

구십 두해
토하지 못한 숱한 사연 가슴에 흉터로 남아
붉은 생채기 보듬고 가시더니 꿈속에 말문 터져
큰 딸과 통화 하시던 백합꽃 같은 그 모습
천국에서 그 즐기던 고 스톱치며 깔깔깔 웃으소서

그립습니다 어머님

똥개 황구 녀석

동네 울타리 기웃거리다가
복실이와 눈 마주쳐 사랑놀이로
동구 밖 고샅길을 이리저리 뛰놀더니
밤 되어
댓돌 위에 하얀 고무신 살짝 물고 와
껌처럼 질겅이다 지쳐 잠이 든 똥개 황구 녀석
드르릉 코고는 소리에 토방이 들썩인다

내 별

어릴 적
밤하늘 보며
내 별 찾아 두리번두리번
북두칠성 눈 마주쳐 점찍어 놓았건만
세월 지나니
남편이 별 되고 자식이 별 되니
내 별은 살며시
구름 뒤에 숨었다

낡은 냉장고

빙그레 꽃잎 물고 새 아파트 입주한지
이십여 년
풋풋했던 이웃들
많은 사연 이삿짐 보따리에 담아
둥지를 떠난다

까맣던 머리카락 서리 내리고
손자 등에 업은 구부정한 허리
주인 닮은 낡은 냉장고가 마당 귀퉁이에서
가을비 맞으며 이별을 아쉬워한다

밤골의 하루

밤나무골
끈에 묶인 백구 한 마리
세상 궁금해 컹컹 짖고

나뭇가지 위 참새떼
힐끔대며 조잘대는데

처마 끝에 매달린 풍경
묵언수행중이라며 입 다물고

산사처럼 고요한 밤골의 밤이
부엉이 울음소리에 묻혀
칠흑처럼 깊어 간다

장날 풍경

장날이면
나이롱극장이 들어서고 우루루 몰린 구경꾼들
손에 배암 칭칭 휘감고 목청 터져라 외쳐대는 약장수
꽹과리 북치는 소리에 혼비백산 놀란 촌로들의 쌈지가
입을 연다

야바위꾼
보시기 엎어놓고 눈 굴려 손 굴려
번개놀음 하는 곳에 아저씨의 마포바지 주머니에
동전이 데구르르 굴러나온다

뉘엿뉘엿 해질 무렵
아버지의 축 처진 망태기 안에 검정 고무신 올망졸망 누워 있고
어머니 이고 가는 광주리 안에 고등어자반 갈치 두어마리가
지푸라기에 묶여 찰랑댄다

동구밖
마중나온 아이들
눈 반짝이며 눈깔사탕에 침 꼴깍이고
못 입혀 못 먹여 가슴아픈 순한 사람들의 한숨소리가
고샅길에 맴돈다

고향집

고샅길 돌아 고즈넉이 자리 잡은 고향집
황토벽 낡은 나무 기둥에 올망졸망 매달린
상추 쑥갓 종자씨 봉지가
어느새 텃밭에 슬그머니 내려와 움을 틔웠지

장독대 항아리에는 어머니의
손맛에 간장이 진하게 익어가고
해 그늘 질 때면 굴뚝에 피어나는 연기처럼
그윽한 쌀밥냄새
허기진 배 채우며 평상 위에서
얘기꽃을 피웠지

그믐달 기우는 깊은 밤이면
한 뭉친 가슴앓이 물레 돌려
실타래로 풀어내는 어머니의 한숨소리

식솔의 무게에 펑크 난 자전거 바퀴처럼 흐트러져
아랫목에 누워 콜록거리는 아버지의 창백한 얼굴

고향집 댓돌 위에 햇볕을 쬐고 있는 하얀 고무신이
스치는 아픈 추억으로 아른거린다

내성천변에서

밤나무 대롱 속 둥지틀어 알을 품던 원앙새는
비 그치면 솜털 뽀송한 새끼들을 거느리고 날갯짓하고
모래무지, 자라는 햇살과 숨바꼭질하며 모래놀이로 하루를
보낸다
땅콩밭에 농부는 콧노래 흥얼거리며 실하게 자라 잘 여문 땅콩을
망태기에 담던 내성천변 모래밭
먹감던 아이들의 해맑간 웃음소리는 뿌연 안개속에 묻히고 백사장은 척박한 자갈밭이 되었다
트랙터 소리 요란한 강둑에 옛 모습은 간 데 없고 비둘기
구구대는 울음소리만 서글프게 들려온다

된장국

뚝배기에 된장 풀어
쑥과 냉이 첨벙거리니
보글보글 입 안 가득 봄이 피어난다

베란다에 영산홍 군자란도
구수한 봄내음에 쿵쿵거리듯
수줍게 꽃잎 열고

액자 속 장미꽃에 앉아 있던
벌 나비도 고개 내밀며
입맛 다시듯 나래를 편다

5
추억의 청춘가를 부른다

시詩

시가 친구 되니 참 좋다
시는 무릎 절뚝이며 지하철 타지 않아도
버스 타지 않아도 늘 곁에 있다
멍든 가슴 풀어 강물에 띄워 보내기도 하고
보름달 초승달 모두 품을 수 있어 좋다
반짝이는 별과 손잡고 산책도 하고
무지개 타고 구름으로 마실도 갈 수 있다
초가집 평상 위에 수박 참외 먹으며
도란도란 옛 이야기 세상 이야기 마구 해도 좋고
누가 엿들어도 상관없다
늘그막에 늦둥이 시를 잉태하며
순산의 기쁨에 나는 활짝 웃는다
시를 쓸 때면 입가엔 하얀 박꽃 같은 웃음
시가 친구 되니 참 좋다

추억의 청춘가

어둠이 삼켜버린 적막한 밤
오작교 타고 온 시어詩語를 수틀에 꿰맨다
등불 밝힌 대청마루에 앉아
세월이 찰랑거린 술잔 마주하고
빛바랜 황혼에 추억의 청춘가를 불러본다

푸른 오늘

시린 가슴에 행복 가득 담긴 언어가
무의미한 존재로 하루를 삼키며
초점 잃은 눈으로 어둠을 헤매던
삶을 뚫고 내 곁에 왔다

숯가마에 이글거리며 심장 타는 소리
눈치보고 비위 맞추며 숨 죽여 지냈던 지난 세월
속내 털어 놓을 하얀 종이와 펜이 글자 되어
추상화로 피어난다

자식처럼 사랑스런 나의 분신
마음의 벽에 걸어놓고 쳐다보니
긴 한숨 물러가고
푸른 오늘이 걸어 나온다

글쓰기

숨통 조이며
마른 가슴에 빗줄기 같은
넋두리를 쏟아낸다

쪽박도 양동이도
퍼낼 수 없는
푸넘이 흘러넘친다

붉은 피 토해내듯
손끝에 글자로 피어낸
시 한 편

글쓰기다

문학의 집에서

숲 속에 고즈넉이 들어앉은
남산 문학의 집
초로의 만학도들이
돋보기 넘어 초롱초롱한 눈망울 굴리며
허형만 시인의 명강의를 듣고 있다
땡볕에 얼음 우두둑 깨물어 땀을 식히듯
하얀 머릿속에 석류알처럼 반짝이는
말씀이 스며들어 갈증은 풀리고
황사에 찌든 나뭇잎도 소낙비에 씻긴
맑은 눈 깜박이며 창 너머 기웃기웃
도강을 한다

해설

맑고 순수한 영혼에서 울리는 언어
—천영희의 시에 대하여

허 형 만 시인
목포대 명예교수

    천영희의 시를 읽고 있노라면 한 점 티 없이 맑은 노랫소리가 울리는 것 같은 어린 소녀의 목소리를 듣는 것 같다. 이처럼 맑고 순수한 영혼에서 울리는 언어를 듣고 있는 그 순간만큼은 현대가 아무리 시에 관한 요구 조건과 비평의 방법이 홍수처럼 난무한다 해도 그러한 것들을 능히 이겨낼 수 있는 힘을 가진다고 믿는다. 이 믿음은 어디에 근거하는가. 그 해답은 "시는 세상을 새롭게 보는 눈을 뜨게 해주고, 혹은 세상의 새로운 양상을 보이는데 도움이 될 수 있을 것이다. 시는 또 우리들이 좀처럼 꿰뚫어 볼 수 없는 우리 인간의 근본을 형성하는 한결 깊고, 이름 지을 수 없는 감정을 이따금 조금씩 밝혀주기도 할 것"이라는 엘리어트의 말에 있다. 이와 같은 엘리어트의 말을 떠올릴 때마다 생각나는 시인은 미국의 퓰리처상 수상 시인인 머윈(W. S. Merwin)이다. 머윈은 기억과 자연의 시인이다. 양균원 박사는 머윈에 대해 "특히 말년에 가까울수록 그는 생태주의적 관점에서 자연을 대하면서 자신의 과거를 회상하고 기록하는 일 자체에 큰 의미를 두고 작품을 써오고 있다."고 평가한 바 있다. 천영희 시를 읽으며 맨 먼저 떠올린 시인이 바로 머윈이었다. 그만큼 천영희 시인의 시는 머윈이 자신의 시「닮은 꼴」에서 "내가 가진 것은 기억뿐"이라고 한 것처럼 기억에 상당 부분 의지하면서, 나이 들었음에도 나이 들지 않은 정신을 언어로 밝히는데 게을리 하지 않고 있음을 본다.

 고샅길 돌아 고즈넉이 자리 잡은 고향집
 황토벽 낡은 나무 기둥에 올망졸망 매달린
 상추 쑥갓 종자씨 봉지가
 어느새 텃밭에 슬그머니 내려와 움을 틔웠지

 장독대 항아리에는 어머니의
 손맛에 간장이 진하게 익어가고
 해 그늘 질 때면 굴뚝에 피어나는 연기처럼
 그윽한 쌀밥 냄새
 허기진 배 채우며 평상 위에서
 얘기꽃을 피웠지

 그믐달 기우는 깊은 밤이면
 한 뭉친 가슴앓이 물레 돌려
 실타래로 풀어내는 어머니의 한숨소리

 식솔의 무게에 펑크 난 자전거 바퀴처럼 흐트러져
 아랫목에 누워 콜록거리는 아버지의 창백한 얼굴

 고향집 댓돌 위에 햇볕을 쬐고 있는 하얀 고무신이
 스치는 아픈 추억으로 아른거린다
 ―「고향집」 전문

 고향에 대한 그리움, 또는 고향에 대한 상실감은 시인들의 대표적인 시적 대상으로 많은 의미를 내포하고 있다. 특히 유년시절의 순수

함과 꿈을 떠올리면서 훼손되고 상실된 현대적 삶에 의한 그리움이 기억이라는 통로를 따라 살아나는 시적 존재로 자리한다. 천영희 시인에게 있어 고향에 대한 기억은 매우 구체적인 서사성을 띈다. 특히 "황토벽 낡은 나무 기둥에 올망졸망 매달린/상추 쑥갓 종자씨 봉지"에 대한 기억은 우리 조상들이 새 생명의 싹을 틔우기 위해 항상 좋은 종자를 미리 채집해서 보관해두었음에 대한 증언이기도 하다. 장독대 항아리 속에서 "진하게 익어가"는 간장, "해 그늘 질 때면 굴뚝에 피어나는 연기"는 모두 생명의 상징으로 존재한다. 그러나 천영희 시인의 기억 중 가장 "아픈 추억"은 "그믐달 기우는 깊은 밤이면/한 뭉친 가슴앓이 물레 돌려/실타래로 풀어내는 어머니"와 "식솔의 무게에 펑크 난 자전거 바퀴처럼 흐트러져/아랫목에 누워 콜록거리는 아버지", 더더욱 어머니의 "한숨소리"와 아버지의 "창백한 얼굴"은 "댓돌 위에 햇볕을 쬐고 있는 하얀 고무신"과 대비를 이룸으로써 상실한 고향집을 드러낸다. 그러나 천영희 시인의 고향집에 대한 추억은 한사코 개인사적인데 국한하지 않는다.

  1)우물가 아낙네들 빨래 방망이 소리에
  겨울 잠자던 개구리들 화들짝 놀래 깨어나고
  영암댁 송월댁 조잘대는 소리에 종달새도
  귀 따갑다 동구 밖으로 마실간다
  우리 언니 물동이엔 달이 동동
  내 물동이엔 별이 반짝
  동짓날 팥죽 새알처럼 예쁘게 떠서
  불 밝히며 따라온다
  ─「달 동동 별 반짝」 전문

  2)건넛마을 다리 저는

쫑구아저씨 기타소리

감나무 잎사귀에
장단 맞추듯 잠시 걸렸다가
물동이 이고 가는 큰언니 댕기머리에
대롱거린다

젓가락 장단에 시끌벅적한 주막집 창가소리에
살며시 들렸다가 전깃줄에 매달려 참새 떼와
그네를 탄다
─「쫑구아저씨 기타소리」

    위의 두 작품은 머원처럼 천영희 시인 또한 생태주의적 관점에서 고향에 대한 추억을 노래하고 있다. 자전적 시로 읽히는 위의 작품들의 경우, 인간과 자연이 어떻게 하나로 융합되고 조화를 이루는가에 대해 아주 잘 표현되어 있다. 1)에서 "우물가 아낙네들 빨래 방망이 소리"에 "화들짝 놀래 깨어나"는 개구리들, "영암댁 송월댁 조잘대는 소리에" "귀 따갑다 동구 밖으로 마실"가는 종달새의 자연친화 이미지는 이미 상실되고 변질되어 하나도 새로울 것이 없는 고향에게 잊혀서는 안 된다는 새로운 정신을 보여주기에 충분하다. 왜냐하면 우주의 본질이 우리 가까이서 늘 우리를 감싸고 있기 때문이다. 저녁 늦게 물동이를 이고 집으로 돌아가는 "우리 언니 물동이"와 "내 물동이"에 "동짓날 팥죽 새알처럼 예쁘게 떠" 있는 달과 별은 시인이 우주에 바칠 수 있는 최대의 헌사임에 틀림없다. 2)의 경우 역시 과거, 또는 고향에 대한 기억이 한사코 고통스럽지 않은 것은 "건넛마을 다리 저는 쫑구아저씨"의 기타소리가 "감나무 잎사귀"와 전깃줄에 매달린 "참새 떼"와 결합됨으로써 예상치 못한 우주적 질서를 체득케 하기 때문이다. 이와 같은 아름다운 기억의 양식은 "참새 떼 기웃거리던/정미소 양철지붕에/후드득 소낙비 내리"(「양철지붕 정미소」)듯 현재의 삶 속에서 알게 모르게 시인의 무의식을 일깨우고 있음을 본다.

 시간을 싣고
 물위에 나뭇잎이 흘러간다
 세월이 안타까워
 옹달샘에 꽃잎이 맴돈다
 깔딱고개 넘기 힘들어
 수레바퀴를 바람이 밀고 간다
 햇살은 웅크리고 앉아 있고
 황금빛 노을이 찬란하다

 아름다운 황혼이다
 ―「아름다운 황혼」 전문

  과거 회상과 기억, 그리고 기억 속의 사람과 자연은 현실적인 삶을 살아가는 시인의 자아에 상당한 영향을 미친다. 그것은 '시간'의 힘이다. 천영희 시인의 기억은 이제 "시간을 싣고" 물 위에 흘러가는 "나뭇잎"으로 치환된다. 물론 흘러가는 물과 시간은 동의적 개념이다. 자신의 삶을 지탱하고 있는 상징으로 등장한 "나뭇잎"도 결국 언젠가는 시간(물)처럼 떠내려갈 터이다. 또 하나. 옹달샘에 맴도는 "꽃잎"도 세월을 안타까워한다는 점에서 "나뭇잎"과 동일한 상징성을 갖는다. 존재의 한계성을 시인은 이미 터득하고 있다는 증거이다. 낯설지 않아 평범할 것 같은 이미지는 마침내 웅크리고 앉아 있는 "햇살"과 찬란한 "황금빛 노을"에 경탄하며, "아름다운 황혼이다" 노래한다. 현실적 존재의 확인이 낯설게, 새롭게, 다가오는 순간이다. 시적 창조는 그렇게 이루어진다. 유년의 기억과 자연도 오늘을 살아가는 현존재로서의 시인의 정신 속에서 함께 "아름다운 황혼"을 맞이하는 것이다. "황금화관 쓰고 웨딩마치에 취해 깜박 졸다 깨어보니/덜컹거린 수레바퀴 꼬부랑길을 휘돌아 어느새 가을 끝자락에"(「친구에게」) 앉아 있음을 발견한 나이, 이 무지의 자각 속에 "바람 불어 단풍 떨어지듯/친구의 부음이 전해"(「이별」)오고, "주홍빛 노을 속으로/삽살개가 나이를 물고"(「나이」)가는 것도 보이는 나이에 시인은 시간과 존재를 사색하고 있다.

> 시가 친구 되니 참 좋다
> 시는 무릎 절뚝이며 지하철 타지 않아도
> 버스 타지 않아도 늘 곁에 있다
> 멍든 가슴 풀어 강물에 띄워 보내기도 하고
> 보름달 초승달 모두 품을 수 있어 좋다
> 반짝이는 별과 손잡고 산책도 하고
> 무지개 타고 구름으로 마실도 갈 수 있다
> 초가집 평상 위에 수박 참외 먹으며
> 도란도란 옛이야기 세상이야기 마구해도 좋고
> 누가 엿들어도 상관없다
> 늘그막에 늦둥이 시를 잉태하며
> 순산의 기쁨에 나는 활짝 웃는다
> 시를 쓸 때면 입가엔 하얀 박꽃 같은 웃음
> 시가 친구 되니 참 좋다
> ─「詩」 전문

시간과 존재에 대한 사색, 그것은 곧 자신의 생애를 거슬러 현재에 재현하는 사색자로서의 행위를 나타내는 일이며 시인으로서는 시를 쓰는 일일 터이다. 천영희 시인에게 시는 우선 "친구"로 인식된다. "시가 친구 되니 참 좋다"고 선언하는 의식의 심연에는 "늘 곁에 있"어 좋은 '사색자' 또는 정신의 깊이를 함께 교감할 수 있는 '도반'과 같은 끈끈함이 자리하고 있으리라. 나이 들어 시를 쓰는 자신에 대한 기쁨과 환희가 스스로를 행복하게 한다. 그렇지 않은가. "늘그막에 늦둥이 시를 잉태하며/순산의 기쁨에 나는 활짝 웃는다"고 당당하게 말할 수 있는 것은 그만큼 친구로서의 시와 한 몸이라는 증거다. 오늘날 일부 시인들이 비판받는 이유는 시를 쓰기 위해서 쓰기 때문이다. 그러다보니 시라고 쓰긴 썼는데 억지스럽고 도대체 무슨 말인지 알 수 없는 자폐적 언어의 유희화가 시를 왜곡하는 실정에 이르고 있음을 본다. 그러나 진정으로 시를 아끼고 시가 친구가 된 시인은 "보름달 초승달 품을 수 있어 좋"고, "반짝이는 별과 손잡고 산책도 하고", "무지개 타고 구름으로 마실도 갈 수 있다". 이처럼 사색자로서의 시인의 본질을 꿰뚫어 고독한 시 쓰기의 일 중에도 "시를 쓸 때면 입가엔 하얀 박꽃 같은 웃음"을 짓는 천영희 시인이야말로 나이 든 시인으로서는 드물게 시의 본질을 그 누구보다도 잘 이해하고 있는 것 같다. 사실 그렇지 않은가. "어둠이 삼켜버린 적막한 밤/오작교 타고 온 시어詩語를 수틀에 꿰"(「추억의 청춘가」)매고, 시 한 편을 "붉은 피 토해내듯/손끝에 글자로 피어"(「글쓰기」)내고 있으니.

새벽 여는 성가에
가슴 젖는다

평강과 은총 망각하고
고독에 허우적대는 일상들

어둠에 갇혀 훌쩍이고

마음 속 깊이 상처 입은 얼룩들
햇살 비추는 창문 열고
후여후여 날려 보낸다

걸어라 밝은 빛을 향해서!

메마른 가슴에 소낙비 내리니
시든 새싹들 싱싱하게 피어나고
정다운 이웃이 어깨동무하며 걷자한다

마음의 문 열고 은혜의 길 걸어본다
―「은혜의 길」 전문

   천영희 시인의 모습도 그렇지만 시 또한 해맑은 소녀처럼 맑고 순수한 영혼에서 울리는 언어로 우리에게 다가오는 근저에는 깊은 신앙심이 자리하고 있다. "새벽 여는 성가에/가슴 젖는" 시인의 청순함 앞에 우리는 숙연해지지 않을 수 없다. 새벽기도를 다니는 사람은 충만한 은혜를 몸소 체험한다. "평강과 은총 망각하고/고독에 허우적대는 일상들", "어둠에 갇혀 훌쩍이고/마음 속 깊이 상처 입은 얼룩들" 모두 새벽 햇살 비추는 창문 열고 날려 보내면 그 행위 자체가 곧 신앙의 기쁨이며 은혜에 다름 아니다. 그러기에 시인은 자신에게 다짐한다. "걸어라 밝은 빛을 향해서!". 그리하여 마침내 시인은 이 신앙 정신에 의한 다짐을 실행에 옮긴다. "마음의 문 열고 은혜의 길 걸어본다". 이 얼마나 큰 축복인가. "은혜의 길"은 하느님이 주신 은총의 길임과 동시에 시인으로서의 시의 길이지 않겠는가. 그래서 여기 천영희 시인의 첫 시집 출간을 충심으로 축하하는 바이다.

see in 시인특선 011

천영희 시집
내 시는 연둣빛

제1쇄 인쇄 2017. 3. 25
제1쇄 발행 2017. 3. 31

지은이 천영희
펴낸이 서정환
엮은이 민윤식
펴낸곳 문화발전소
서울시 종로구 삼일대로 32길 36 운현신화타워 305호
see편집국 : 서울시 종로구 종로 1가 르메이에르 종로타운 1031호
Tel 02-742-5217 Fax 02-742-5218

ISBN 979-11-87324-04-1 04810
ISBN 979-11-953101-1-1 (세트)

「이 도서의 국립중앙도서관 출판예정도서목록(CIP)은
서지정보유통지원시스템 홈페이지(http://seoji.nl.go.kr)와
국가자료공동목록시스템(http://www.nl.go.kr/kolisnet)에서
이용하실 수 있습니다.(CIP제어번호: CIP2017006686)」

값 10,000원

ⓒ 천영희
PRINTED IN KOREA

*저자와의 협약에 따라 인지는 생략합니다.
*파본 및 제본이 잘못된 책은 구입서점에서 교환하여 드립니다.
*이 책은 문화발전소가 저작권자와의 계약에 따라 발행한 것이므로
 이 책의 전부 또는 일부를 재사용하려면 반드시
 저작권자에게 서면동의를 받아야 합니다.